BRUNO

KATRIN

MAX

TIL

PEPINO

Michaela Hanauer

Fußballgeschichten

Illustriert von Marc Rueda

www.leseloewen.de

ISBN 978-3-7855-8199-5
1. Auflage 2016
© Loewe Verlag GmbH, Bindlach 2016
Umschlagillustration: Marc Rueda
Umschlaggestaltung: Michael Dietrich
Reihenlogo: nach einem Entwurf
von Angelika Stubner
Printed in Italy

www.loewe-verlag.de

Inhalt

Eine ungewöhnliche Mannschaft

Luc ist neu hier.
Das findet er ziemlich doof.

Zum Trost hat Mama ihm
einen Fußball geschenkt.
Aber was nützt ein Fußball,
wenn keiner mit Luc spielt?

„Im Hof ist ein schöner Platz",
behauptet Mama.
Doch der Platz ist doof.

Genau in der Mitte
steht ein großer Baum.
Wie soll Luc ein Tor schießen?
Immer steht der Baum im Weg.

Wütend knallt Luc den Ball
zu dem Baum.
Der Baum passt zurück.

Als Nächstes versucht Luc,
um den Baum herumzukicken.
Das ist gar nicht so leicht.

„Besser, wir spielen
in derselben Mannschaft",
schlägt Luc vor.

Der Baum wackelt
mit seinen Ästen,
als würde er zustimmen.
Das zentrale Mittelfeld steht!

„Wuff!", hört Luc plötzlich.
Ein schwarz-weißer Hund
jagt ihm den Ball ab.

Luc rast dem Hund hinterher.
Der Hund ist schnell.
Erst kurz vor den Mülltonnen
kann Luc ihn stoppen.

„Willst du Stürmer sein?"
Der Hund wedelt mit dem Schwanz.
Die Tonnen sind das Tor.

Der Hund flankt zu Luc.
Luc schießt den Ball aufs Tor.
Doch jemand fängt ihn.
„Darf ich mitspielen?"

Luc schüttelt den Kopf.
„Du bist ein Mädchen!"
„Ja und?", fragt das Mädchen.

„Gib mir den Ball", sagt Luc.
„Hol ihn dir doch!",
ruft das Mädchen.

Das Mädchen stürmt los.
Luc hinterher.
Fast hat er den Ball.

Aber das Mädchen tanzt ihn aus.
Sie köpft den Ball
am Baum vorbei über die Bank.
TOOOR!

„Luc, Abendessen!", ruft Mama.

Luc guckt zu dem Mädchen.
„Morgen, gleiche Zeit?"
Das Mädchen grinst und nickt.
„Morgen, gleiche Zeit!"

Der Ball im Baum

Til ist ein großer Fußballfan.
Am liebsten mag er
die Nationalelf.

Bei Weltmeisterschaften
und bei Europameisterschaften
fiebert er immer mit.

Er hat einen besonderen Ball.
Auf dem sind die Unterschriften
der gesamten Mannschaft.
Sogar vom Nationaltrainer!

Mit dem Ball spielt Til nicht.
Er hat einen Ehrenplatz
in Tils Zimmer.

Eines Tages ist der Ball weg.
Ob Tils Bruder Bruno
ihn mitgenommen hat?
Til rennt zum Bolzplatz.

Tatsächlich!
Bruno und seine Freunde
kicken mit Tils Ball.

„He, gebt den Ball zurück!",
ruft Til.
„Vergiss es!", meint Bruno.

„Dann hol ich ihn mir eben!"
Til läuft los.
Die Großen dribbeln ihn aus.
Til grätscht hinein.

Fast hat er ihn.
Doch da tritt ein Junge
den Ball in die Wolken.

In hohem Bogen landet der Ball
auf einem Baum.
„Pech!", sagen die Jungs
und verdrücken sich rasch.

Wenigstens Bruno bleibt.

„Und jetzt?"

Til kämpft mit den Tränen.

„Wir rufen die Feuerwehr!",
schlägt Bruno vor.
Er wählt 112.
Ein Feuerwehrauto rollt an.

Aber der Einsatzleiter
schüttelt den Kopf.
Für einen Fußball ist
die Feuerwehr nicht zuständig!

„Das ist der Weltmeisterball",
bettelt Bruno.
„Til verzeiht mir sonst nie!"

Der Feuerwehrmann überlegt.
„Okay, den Weltmeisterball
müssen wir retten!"

Er fährt die Leiter aus.
„Na, wer von euch traut sich?"
Bruno zieht den Kopf ein.
Aber Til klettert sofort los.

Er sieht nach unten.
Eigentlich ist er noch sauer.
Aber der Ausblick von hier
ist ziemlich cool.

„Vielleicht verzeihe ich
Bruno doch", denkt er.

Morgen.
Oder übermorgen.

Und wenn ich es später nicht
in die Nationalelf schaffe,
werde ich Feuerwehrmann!

Das Monster auf dem Platz

Lars ist Torwart beim TV Stern.
Auf der Linie ist er stark.
Seine Abwehr hat er im Griff.
Sogar tolle Pässe schießt er.

Nur vor einem
hat er Bammel: Elfmeter.
Die fängt er fast nie.

Sein Trainer erklärt:
„Ein Torhüter kann
nur dann einen Elfmeter halten,
wenn er es unbedingt will."

Aber was heißt das?
Lars will doch immer halten.
Erst recht einen Elfer!

Er fragt
den Torwart der A-Jugend:
„Manu, wie hältst du
einen Elfer?"

Manu grinst.
„Mit meinem Monstergesicht.
Das raubt dem Gegner den Mut!"
„Zeig mal!", bittet Lars.

Manu rollt mit den Augen.
Er fletscht die Zähne.
Er bläht die Nasenflügel.

„Sieh dabei nie auf seine Füße!
Sein Gesicht verrät dir alles.
Guckt er links oder rechts,
will er dorthin schießen."

Und Manu weiß noch etwas:
„Wenn er wegschaut,
hast du sowieso gewonnen!"

Vor dem nächsten Spiel
übt Lars mit Stürmer Rob.
Es klappt nicht immer.
Aber viel öfter als vorher!

Dann spielt der TV Stern
gegen den 1. SV Kicker.
Der TV foult im Strafraum.
Der Schiri pfeift Elfmeter.

Lars zieht sein Monstergesicht.
Der Gegner weicht nicht aus,
er starrt böse zurück.

Was jetzt?
Der Spieler läuft an.
Lars bleibt einfach stehen.
Er streckt die Arme aus.

Der Schuss ist hart und genau.
Lars schnappt nach Luft,
als der Ball ihn trifft.

Aber er hat ihn.
Er hat ihn wirklich gehalten!

Die Fans jubeln Lars zu:
„Elfer-Monster, Elfer-Monster!"
Lars und der TV jubeln mit.

Anna und Max haben Zoff

Max mag Anna und Fußball.

Anna mag Max.

Aber Fußball mag sie nicht.

Sie hat keine Lust,

sich die Spiele anzusehen.

90 lange Minuten!

Um sie herum johlen alle.
Anna versteht das nicht.
Wieso pfeift der Schiri?
Gelbe Karte? Für wen? Warum?

Außerdem ist ihr kalt!
Sie will nach Hause.

„Ich höre mir dich
und deinen Chor doch auch an",
schmollt Max.

„Aber unser Gesang
ist wenigstens schön!",
rutscht es Anna heraus.

Darauf sagt Max nichts mehr.
Er dreht sich nur um und geht.
Autsch!

Dass Singen schöner ist
als Fußball,
hätte Anna nicht sagen dürfen.
Sie will sich entschuldigen.

Sie ruft ihn an.
Max geht nicht ran.
Sie klingelt an seiner Tür.
Max macht nicht auf.

Anna muss Max doch sagen,
wie leid es ihr tut!
Da fällt ihr etwas ein.

Sie bittet ihren Chorleiter.
Er will ihr helfen.
Die ganze Gruppe muss ran.
Geheimaktion: Olé, olé.

Sie üben viele Stunden.
Vor dem nächsten Spiel
wollen sie fertig sein.

Mit zitternden Knien
steht Anna auf der Tribüne.
Zum Glück ist ihr Chor auch da.
Zuerst beachtet Max sie nicht.

Anna fängt an zu singen:
„Wir, wir, wir sind die Fans;
wir, wir feuern euch an!"

Das ist der Schlachtruf
von Max' Verein.
Annas Chorleiter hat ein Lied
daraus gemacht.

Annas Chor schmettert
es durchs Stadion.
Andere Fans stimmen ein.

Jetzt lächelt Max Anna zu.
Im Spiel schießt er zwei Tore.
Sein Verein gewinnt haushoch.

Musik und Fußball
sind eben gute Freunde.
Genau wie Anna und Max.

Michaela Hanauer, 1969 geboren, arbeitete nach ihrem Studium in einem Kinder- und Jugendbuchverlag. Heute lebt sie als selbstständige Autorin und Vorleserin mit ihrem Mann und ihrem Kater Wuschel in München.

Marc Rueda, geboren 1985, studierte Grafische Künste in Barcelona. Heute lebt er zusammen mit seiner Frau Janina Görrissen und seinem Hund Pepino in Niederkirchen und arbeitet dort als freiberuflicher Illustrator.

ISBN 978-3-7855-8083-7 ISBN 978-3-7855-8183-4 ISBN 978-3-7855-8166-7

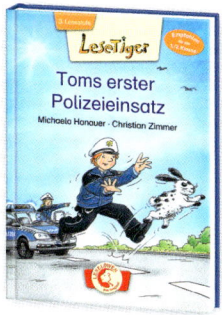

ISBN 978-3-7855-7978-7 ISBN 978-3-7855-8117-9 ISBN 978-3-7855-7825-4

Die Reihe *Lesetiger* richtet sich an Leseanfänger ab 6 Jahren. Kunterbunte Geschichten zu beliebten Themen erleichtern den Erstlesern den Start in die Welt der Buchstaben. Ganz kurze Textabschnitte in großer, gut lesbarer Fibelschrift sorgen für einen sicheren Leseerfolg; viele farbige Bilder tragen zusätzlich zum Textverständnis bei. So macht das erste Selberlesen Spaß!

MANU

TONY

LARS

LUC

UDO

ANNA